Ligue Française pour la Défense
des Droits de l'Homme et du Citoyen

La question indigène en Algérie

—

L'INTERNEMENT DES INDIGÈNES
SON ILLÉGALITÉ

par

✝ GILBERT MASSONIÉ

Docteur en droit
Avocat à Constantine — Ancien bâtonnier
Officier de l'instruction publique

—

PRIX : 50 CENTIMES

—

PARIS
LIGUE DES DROITS DE L'HOMME
I, RUE JACOB, I (VIᵉ ARRᵗ)
1909

Ligue Française pour la Défense des Droits de l'Homme et du Citoyen

Bulletin officiel de la Ligue des Droits de l'Homme
Tome 1er (Année 1901), un volume relié avec table
alphabétique et analytique . . . . 20 fr.

Bulletin officiel de la Ligue des Droits de l'Homme
Tome II (Année 1902), un volume relié avec table
alphabétique et analytique . . . . 20 »

Bulletin officiel de la Ligue des Droits de l'Homme
Tome III (Année 1903), un volume relié avec table
alphabétique et analytique . . . . 20 »

Bulletin officiel de la Ligue des Droits de l'Homme
Tome IV (Année 1904) un volume relié avec table
alphabétique et analytique . . . . 20 »

Bulletin officiel de la Ligue des Droits de l'Homme
Tome V (Année 1905), un volume relié contenant
l'*Annuaire officiel* de 1905, et complété par une table
alphabétique et analytique . . . . 20 »

Bulletin officiel de la Ligue des Droits de l'Homme
Tome VI (Année 1906), un volume relié, contenant
l'*Annuaire officiel* de 1906, et complété par une table
alphabétique et analytique . . . . 20 »

Bulletin officiel de la Ligue des Droits de l'Homme
Tome VII (Année 1907), un volume relié, contenant
l'*Annuaire officiel* de 1907, et complété par une table
alphabétique et analytique . . . . 20 »

Bulletin officiel de la Ligue des Droits de l'Homme
Tome VIII (Année 1908), un volume relié, contenant
l'*Annuaire officiel* de 1908, et complété par une table
analytique et alphabétique . . . . 20 »

Annuaire officiel de la Ligue des Droits de
l'Homme (1908) . . . . 5 »

Assemblées générales de la Ligue des Droits de
l'Homme (4 juin 1898, 23 décembre 1898, 15 juil. 1899,
23 décembre 1899, 2-3 juin 1900), 5 brochures, l'exemp. » 50

Déclaration des Droits de l'Homme et du Citoyen
tableau monté sur gorge et rouleau) . . . . » 50

La Déclaration des Droits de l'Homme et du Citoyen
(1789) (édition Hachette), 1 brochure . . . . 2 »

Rapport sur le cas des cinq détenus des îles du
Salut par Joseph Reinach, 1 brochure. . . . . » 50

L'idée de Patrie, conférence, par Francis de Pres-
sensé, 1 brochure. . . . . « 50

Le devoir civique des parents, conférence par M.
Louis Havet, membre de l'Institut, 1 brochure . . » 50

L'idée de l'Enseignement laïque, conférence par
Louis Havet, membre de l'Institut, 1 brochure . . . . » 50

La question indigène en Algérie

La question indigène en Algérie

L'INTERNEMENT DES INDIGÈNES
SON ILLÉGALITÉ

par

GILBERT MASSONIÉ

Docteur en droit
Avocat à Constantine — Ancien bâtonnier
Officier de l'instruction publique

I. — Il fut un jour question, à la chambre des députés, de l'internement des indigènes de l'Algérie. Dans la séance du 1ᵉʳ février 1900, M. Morinaud, alors député de Constantine, soutint, en son nom et au nom de trois de ses collègues, un amendement tendant à augmenter le crédit de 20.000 francs pour permettre aux communes pauvres d'obtenir du gouverneur général l'internement des malfaiteurs indigènes. M. Morinaud soutint son amendement, en s'efforçant de tracer un tableau émouvant de la situation faite aux colons par les entreprises de ceux qu'il qualifiait de « malfaiteurs » sans préciser autrement. Un député, M. le baron Demarçay, manifesta le désir de savoir au juste de quoi il s'agissait et il demanda au rapporteur du budget de l'Algérie, M. Le Moigne : « Quels sont les individus que vous comprenez sous le nom de malfaiteurs, en Algérie ? S'agit-il de condamnés ou simplement de gens qui sont dans une situation particulière à l'Algérie ? ».

M. Le Moigne déclara qu'il était fort embarrassé de répondre, *n'ayant pas le texte de la loi sous les yeux*. Il s'agissait, selon lui, d'individus qui, d'après une décision du gouverneur général, doivent être éloignés de leur commune, où ils troublent la sécurité publique, et transportés dans une autre ; mais il ignorait si c'était à la suite d'une condamnation. Chose curieuse ! Des députés algériens signataires de l'amendement — c'étaient les quatre mousquetaires gris — aucun ne vint au secours du rapporteur embarrassé, et ils gardèrent de Conrart le silence prudent.

Qu'est-ce donc que cet internement dont personne ne put donner une idée ?

L'internement est une mesure applicable aux indigènes algériens. Il sert à réprimer tous les faits, non qualifiés par la loi, de nature à troubler la sécurité on à compromettre notre domination. Il affecte les formes les plus diverses, et n'a point de durée déterminée. Enfin il est prononcé par le gouverneur général sur une procédure sommaire et secrète.

On ne peut évidemment donner le nom de « peine » à une mesure qui se trouve en contradiction aussi absolue avec les principes les mieux établis en matière de répression et qui, de plus, n'est permise par aucun texte. Qu'est-ce donc alors ? Une illégalité, un abus de pouvoir !

⁂

II. — Pour bien montrer la gravité de la question, il nous faut donner une idée de la façon dont fonctionne l'internement des indigènes, en Algérie.

Ce fut d'abord une mesure de guerre dont peu à peu des circulaires et des arrêtés ont réglementé l'emploi.

Aujourd'hui il est employé à réprimer des faits non prévus par la loi et intervient dans des cas très variés.

Tantôt on en use, au cours de l'instruction des crimes, pour écarter momentanément ceux qui pourraient en entraver la marche, notamment les parents des inculpés. La plupart du temps, il remédie aux imperfections de notre justice qui s'exerce difficilement en pays arabe ou kabyle. Pour éviter qu'un crime reste sans sanction, on interne des indigènes qui, faute de preuves suffisantes, ont bénéficié de non-lieux ou d'acquittements, souvent même des malfaiteurs signalés comme tels, mais n'ayant jamais été poursuivis. D'autres fois il sert à réprimer des menées dangeureuses pour notre domination en Algérie.

Comment s'exécute l'internement ? C'est une peine protéiforme.

Pendant longtemps les indigènes ont pu être envoyés au dépôt de Calvi (Corse). C'était alors une peine analogue à la déportation, et particulièrement pénible pour les indigènes qui ne peuvent vivre « loin de l'odeur de l'Islam ». Un arrêté du gouverneur général, du 29 juin 1903 (Estoublon et Lefébure, *Code de l'Algérie*, 1902-03, p. 217) a supprimé ce dépôt.

D'autres fois les indigènes sont simplement renvoyés dans une localité ou un douar qu'ils ne peuvent quitter : c'est alors une mesure analogue à l'ancienne surveillance de la haute police.

Mais la plupart du temps, l'internement consiste, pour les indigènes, a être enfermés dans l'un des trois pénitenciers indigènes de l'Algérie. Ces établissements ne relèvent pas de l'administration pénitentiaire, mais du service des affaires indigènes. De ces pénitenciers, l'un est situé à Ain-el-Bey, près de Constantine, l'autre à Boukanéfis (département d'Oran) et le troisième à Tadmit dans le sud-algérien, entre Djelfa et Laghouat (1). Ce dernier a acquis une réputation aussi fâcheuse que certains ateliers de travaux publics, et il en a été beaucoup parlé au cours du procès des insurgés de Margueritte devant la cour d'assises de Montpellier, en 1901.

L'internement est tantôt prononcé pour une période fixe, d'autres fois sans détermination de durée : c'est alors une peine indéterminée.

En quelle forme est-il prononcé ? Un ordre du gouverneur général suffit. Par un arrêté du 24 septembre 1899 (Estoublon et Lefébure, *Code de l'Algérie*, 1899, p. 43), une commission a été organisée à l'effet de préparer la décision du gouverneur et d'assurer l'instruction des affaires relatives à l'internement ; mais comme elle comprend cinq fonctionnaires contre un seul magistrat, il est certain que les garanties qu'elle présente sont médiocres, pour ne pas dire illusoires, d'autant plus que son avis est facultatif. D'ailleurs l'indigène n'est pas admis à s'y faire défendre. Bien mieux, jusqu'à une circulaire du 8 juin 1903 (Estoublon et Lefébure, *Code de l'Algérie*, 1902-03, p. 209), celui-ci n'était même pas interrogé !

Contre une pareille institution les critiques ne sauraient être trop vives.

L'indétermination absolue des faits pour lesquels l'internement est prononcé laisse trop de place à l'arbitraire. D'ailleurs des faits scandaleux ont même été signalés à la tribune de la Chambre (2) et beaucoup sont connus des Algériens (par exemple : affaire des Ben Merzouga). Lorsque l'internement intervient à la suite d'acquittements, qui ne voit le danger qu'il y a à substituer ainsi l'œuvre de

---

(1) Voy. Larcher et Olier, *Institutions pénitentiaires de l'Algérie*, nº 129.

(2) Voy. Discours de M. Morinaud, séance du 24 mai 1901, *Journal officiel*, débats parlementaires, p. 1144.

l'administration à celle de la justice ? Cela n'est pas fait, en tout cas, pour rehausser le prestige cependant si nécessaire de celle-ci. Danger d'autant plus grand que le même administrateur qui, en sa qualité d'officier du ministère public près le tribunal répressif (Décret 9 août 1903), aura vu un indigène poursuivi par lui être acquitté, pourra ensuite se venger du froissement d'amour-propre éprouvé en proposant l'internement de ce même indigène. On l'a dit : c'est l'internement pour cause d'acquittement !

La procédure n'offre évidemment aucune garantie puisque, par son caractère absolument secret, elle rappelle un peu trop celle de l'Inquisition. Trop souvent l'indigène est condamné sur des rapports secrets, analogues aux fameux renseignements de police dont on abuse tant en cour d'assises.

*
* *

III. — Nous ne voudrions pas que l'on se méprît sur notre pensée. On ne peut évidemment gouverner des indigènes comme des Français : leur masse, leur fanatisme, leur mentalité, leurs mœurs, tout s'y oppose. Mais est-ce à dire qu'on doive les traiter par l'arbitraire ! Nullement. On vote bien des lois temporaires pour permettre aux administrateurs de commune mixte de frapper les indigènes de peines de simple police (Loi du 24 décembre 1904) ; est-il admissible qu'on n'agisse pas de même pour une peine beaucoup plus grave, dont l'indétermination et l'arbitraire sont bien faits pour effrayer ? Que l'on érige en délits certains faits paraissant dangereux pour la sécurité, soit, mais qu'un texte intervienne, précisant les incriminations, désignant la juridiction compétente et accordant la garantie d'un débat.

Ceci nous amène à examiner la question de légalité. Dans les milieux algériens, on en fait volontiers fi, et l'on est porté à passer sur l'illégalité d'une mesure, pourvu qu'on l'estime bonne. Théorie dangereuse ! C'est là cependant un point de vue bien digne de nous préoccuper.

Nous ne sommes pas surpris que M. le député Le Moigne n'ait pu citer à ses collègue le texte de la loi. En effet, il n'y a pas de loi autorisant l'internement. Bien plus, il n'y a ni ordonnance, ni décret, par conséquent aucun texte ayant force légale.

On ne relève dans la législation algérienne que quelques textes purement réglementaires, déterminant ou bien les formes — non observées d'ailleurs — de la condamnation (Arrêté Gouv. Gén. du 14 nov. 1874, Estoublon et Lefébure, *Code de l'Algérie*, p. 443), ou bien la manière dont il est subvenu aux frais d'entretien des internés (Arrêté Gouv. Gén. du 25 fév. 1861, Ménerville, *Dictionnaire de la législation algérienne*, II, p. 18). Une décision du ministre de l'Algérie du 27 décembre 1858 (Ménerville, *op. cit.*, I, p. 80) affirme le droit d'internement ; mais affirmer n'est pas prouver ! Où est l'ordonnance, le décret conférant au *gouverneur ce droit exorbitant* ? Voilà à quoi doit se réduire la discussion.

Dans son arrêté précité du 29 juin 1903, M. le gouverneur général Jonnart vise l'arrêté ministériel du 1ᵉʳ septembre 1834 (Ménerville, *op. cit.*, I, p. 7) et l'ordonnance du 31 août 1845 (Ménerville, *op. cit.*, I, p. 13). D'après lui, ces textes accorderaient au gouverneur général le droit d'internement.

On ne saurait être plus malheureux dans ses citations. Examinons.

Tout d'abord l'arrêté du ministre de la guerre du 1ᵉʳ septembre 1834 permet simplement, dans son article 15, an gouverneur général l'exclusion des individus dangereux pour la tranquillité publique d'une ou de plusieurs localités, ou même des possessions françaises de l'Afrique du Nord, et le refus d'admission dans la colonie. Mais on ne voit là rien de paréil à la pratique actuelle de l'internement, laquelle consiste en un véritable emdrisonnement. Et ce qui est mieux, c'est qu'il n'y a pas là un texte d'ordre législatif : la loi du 24 avril 1833 (art. 25), en effet, avait, en ce qui concerne l'Algérie, délégué le pouvoir législatif au roi, non pas au ministre.

Passons à l'ordonnance du 31 août 1845 (la date véritable est : 15 avril 1845). Celle-ci est un texte légal qui, dans son article 31, reproduit en partie les dispositions analysées ci-dessus, en soumettant d'ailleurs les arrêtés du gouverneur général pris sur ce point à l'approbation du ministre de la guerre, ce qui déjà les rendrait inapplicables aujourd'hui. Mais malheureusement cette législation a disparu en vertu de l'arrêté du chef du pouvoir exécutif en date du 16 décembre 1848 (Ménerville, *op. cit.*, I, p. 28) qui, dans son article 6, en chargeant le gouverneur général du maintient de l'ordre et de la sécurité publique, ne lui donne le droit que de prendre les mesures autorisées par les lois de la Métropole. Et dans son article 55 final, l'arrêté abroge formellement tous textes contraires antérieurs. L'ordonnance de 1845 est bel et bien abrogée, à tel point qu'elle ne figure pas dans le *Code de l'Algérie* de MM. Estoublon et Lefébure, ce bréviaire du jurisconsulte algérien.

L'internement a donc disparu en 1848 – si tant est qu'il eût existé auparavant. A-t-il été rétabli depuis ? Non ! En effet, lorsque après l'essai d'un ministère de l'Algérie, on rétablit à la tête de la colonie un gouverneur général, ce fut une décret impérial du 10 décembre 1860 (Ménerville, *op. cit.*, II, p. 4) qui lui conféra ses pouvoirs : or il n'y est pas question du droit d'internement.

On a quelquefois invoqué le décret du 26 août 1881, organisateur du système dit des *rattachements* (Estoublon et Lefébure, *op. cit.*, p. 558). Dans l'énumération qu'il fait des matières dans lesquelles le gouverneur général pouvait statuer par délégation du ministre de l'intérieur, on trouve, sous la rubrique *Police générale* : « Pénitenciers indigènes.... Internement provisoire des indigènes à l'intérieur de l'Algérie ».

Que conclure de ce texte ? Donne-t-il directement au gouverneur le droit d'internement ? Non, ce ne serait que par délégation du ministre de l'intérieur. Mais celui-c l'avait-il lui-même ? Tout est là. Nous demandons le texte ! Ceux invoqués par M. le gouverneur Jonnart lui-même, comme nous l'avons vu — d'ailleurs inopérants et abrogés — attribueraient ce droit non pas au ministre, mais bien au gouverneur. Edicte-t-on implicitement une peine aussi grave que l'internement ? D'ailleurs il est inutile de discuter, car le décret du 26 août 1881 a été, en termes exprès, abrogé par l'article 1er du décret subséquent du 31 décembre 1896 (Estoublon et Lefébure, *op. cit.*, 1896-97, p. 54) et même — véritable superfétation — une seconde fois par l'article 10 du décret du 23 août 1898 (Estoublon et Lefébure, *op. cit..* 1898, p. 89).

Il faudrait donc qu'un texte postérieur à l'abrogation du décret de 1881 ait accordé au gouverneur général le droit d'internement : or cela n'est pas !

Néanmoins une dépêche du ministre de l'intérieur en date du 27 décembre 1897 (Estoublon et Lefébure, *op. cit.*, 1896-97, p. 128) porte « qu'il appartient désormais au gouverneur général, en vertu des pouvoirs qui lui sont conférés par le décret du 31 décembre 1896, de prononcer l'internement des indigènes, ainsi que la levée de cet internement, sauf à en rendre compte immédiatement au ministre ».

Ce texte est tout à fait inopérant : en effet, une dépêche ministérielle n'est pas un décret ! Que dit-il, d'ailleurs ? Que le droit d'internement appartiendrait au gouverneur général, en vertu des pouvoirs qui lui sont conférés par le décret du 31 décembre 1896 : or, celui-ci, pas plus que celui du 23 août 1898 ne contient rien de pareil. L'art. 3 de ce dernier décret porte bien que le gouverneur général exerce à l'égard des indigènes musulmans les pouvoirs de haute police prévus par la législation spéciale de l'Algérie. Il faut donc toujours se référer à la législation spéciale de l'Algérie : or celle-ci, nous l'avons vu, ne contient rien à ce sujet.

On a fait cependant un raisonnement subtil. Le droit d'internement appartenant au ministre aurait été par lui délégué au gouverneur en 1881 ; puis les rattachements ayant été supprimés, le gouverneur aurait tout simplement repris ses pouvoirs. C'est ce qu'indiquerait la dépêche ministérielle en disant « qu'il appartient *désormais...* » Raisonnement singulier, manquant absolument de base, puisqu'on oublie toujours d'établir d'abord que le ministre de l'intérieur avait lui-même le droit d'internement ; or, on ne peut déléguer un pouvoir qu'on ne possède pas soi-même. C'est l'évidence même ! Raisonnement en contradiction avec la nouvelle délégation que l'on prétend résulter, au profit du gouverneur, de la dépêche ministérielle du 25 décembre 1897.

Dans cette idée d'une délégation accordée au gouverneur général, il y a deux façons de comprendre le décret du 26 août 1881, ou bien, en accordant la délégation au gouverneur, ce texte suppose que le ministre possédait antérieurement le droit d'internement — et cela n'est pas, nous l'avons démontré — ou bien il le lui accorde par *a contrario*, en lui permettant de le déléguer ; mais on n'établit pas par *a contrario* une peine qu'on laisserait d'ailleurs dans l'indétermination. Et ce qui coupe court à tout, c'est que ce décret de 1881 est formellement abrogé.

Le ministre n'a donc pu déléguer en 1881 un pouvoir qui ne lui appartenait pas. Que si l'on prétend que c'est le décret de 1881 qui le lui a conféré, il est facile de répondre que ce décret ayant été abrogé en 1896, on se demande comment le ministre aurait pu, en 1897, déléguer un pouvoir que lui aurait conféré ce même décret.

Il n'y a donc pas de texte légal qui puisse permettre de prononcer l'internement à l'encontre des indigènes de l'Algérie : tous ceux qu'on a cherché à invoquer sont inopérants. Des affirmations, une tradition, voilà tout ce que l'on trouve. L'Algérie est encore soumise au régime des décrets, soit ; mais elle ne l'est pas au régime des dépêches ministérielles, des circulaires ou des arrêtés gouvernementaux, et encore moins au régime du bon plaisir.

C'est en ce sens que se prononce M. Larcher, le savant professeur à l'Ecole de droit d'Alger, quand il dit qu'il n'existe, en cette matière, « ni loi, ni ordonnance, ni décret » (*Revue algérienne et tunisienne de jurisprudence*, 1903, 1ʳᵉ partie, p. 87) et que tous les textes que l'on peut citer à l'occasion de l'internement ne sont que réglementaires (*Traité élémentaire de législation algérienne*, 1, p. 717, note 1).

L'internement des indigènes algériens constitue donc un *abus de pouvoir*, bien plus un *crime* (C. pén., art. 114) et le devoir des parquets serait de le faire cesser. (C. inst. crim., art. 616). Les indigènes ainsi arrêtés et détenus illégalement auraient le droit de poursuivre le gouverneur général et les fonctionnaires qui exécutent cette mesure, soit en déposant une plainte avec constitution de partie civile entre les mains du magistrat instructeur (C. inst. crim., art. 63), soit en les poursuivant en dommages-intérêts (C. pén., art. 117).

Dans ce dernier cas, la juridiction civile serait seule compétente et l'administration ne saurait élever le conflit en revendiquant la connaissance de l'action, sous prétexte qu'il s'agit d'un acte administratif. Il a été constamment jugé, en effet, qu'un acte délictueux ne peut constituer un acte administratif. (Cassation, 10 février 1893, Dalloz, 1895, 1, 215 ; cassation, 14 février 1902, Dalloz, 1903, 1, 10! et la note de M. Jean Appleton ; conseil d'Etat, 5 février 1904, Dalloz, 1905, 3, 62). Le tribunal des conflits, chargé de trancher les conflits d'attribution entre l'autorité judiciaire et l'autorité administrative, a nettement refusé le caractère d'acte administratif à tout fait qui est interdit par la loi pénale. (Conflits. 15 février 1890, Dalloz, 1891, 3, 31). C'est en vertu de ces principes qu'il a été justement décidé que la juridiction civile est compétente pour connaître de l'action en dommages-intérêts intentée à raison d'une arrestation arbitraire opérée en vertu de textes inopérants (C. de Lyon, 28 janvier 1904, Dalloz, 1905, 2, 321 ; cpr. cassation, 3 août 1874, Dalloz, 1876, 1, 289).

On pourrait être surpris qu'un procès de cette nature n'ait jamais eu lieu, ce qui semblerait devoir infirmer notre thèse. Il n'en est rien, car à côté du droit, il y a le fait. Pense-t-on que, dans l'état de dépendance où vivent les indigènes, il puisse s'en trouver parmi eux un seul d'assez hardi pour s'attaquer au gouverneur général en personne ? Et puis que l'on y songe. Lorsqu'un indigène est en voie d'être interné, comme il est immédiatement incarcéré et que toute communication avec un avocat lui est refusée, il est bien évident qu'il ne peut intenter de procès. Lorsqu'il est libéré, trop heureux d'en être quitte, il se garde bien de réclamer. Et pense-t-on que l'on pourrait trouver des officiers ministériels, avoués et huissiers, dont la nomination, le déplacement et la révocation sont entre les mains du gouverneur tout puissant (Décret du 27 juin 1901), assez osés pour, dans un intérêt purement humanitaire, se permettre d'instrumenter contre lui ? Quant aux parquets, comme en haut lieu règne la détestable tradition de la légalité de l'internement, il est bien évident qu'il n'agiront jamais.

C'est cette tradition que nous voulons nous efforcer de détruire, afin d'éclairer les esprits de bonne foi et non prévenus.

Sans aller jusqu'à l'enthousiasme manifesté par l'assemblée des délégations financières (session de décembre 1898) on peut admettre l'utilité de l'internement. Mais ce n'est pas une raison pour le dispenser de toute réglementation et pour abandonner une mesure aussi grave à l'arbitraire. Que les indigènes, avec leur esprit simpliste, apprécient la puissance de l'autorité administrative, armée d'un aussi redoutable pouvoir, c'est possible ; mais qu'ils s'inclinent sans murmurer, c'est inexact. Ensuite est-ce au peuple dominateur à s'abaisser aux idées d'une race à la civilisation primitive et à l'esprit fruste ? Ou, au contraire, est-il de son devoir de faire pénétrer dans cette masse des idées plus saines, plus justes et plus élevées ? Nous posons la question en souhaitant qu'elle soit résolue par un retour aux principes dont il ne faut jamais désespérer, et dans un sens digne d'une nation grande et généreuse comme la France.

GILBERT MASSONIÉ,

docteur en droit, avocat à Constantine.

PARIS. — IMP. R. LAROCHE, 14, RUE VIVIENNE. — TÉL. 261-09

LES DOCUMENTS JUDICIAIRES

DE

L'AFFAIRE DREYFUS

IMPRIMERIE R. LAROCHE,
4, Rue Vivienne, Paris. — Téléphone 261.09